Tom Matschke

AusWechselSpieler

Impressum

Bibliografische Information der Deutschen
Nationalbibliothek:
Die Deutsche Nationalbibliothek verzeichnet diese
Publikation in der Deutschen Nationalbibliografie; detaillierte
bibliografische Daten sind im Internet über http://dnb.dnb.de
abrufbar.

Herstellung und Verlag: BoD – Books on Demand,
Norderstedt

ISBN: 978-3-7583-6651-2

Die AuswechselSpieler,

würden gerne spielen – doch sie sind nicht die erste Wahl jedenfalls nicht für den Trainer! AuswechselSpieler fühlen naturgemäß anders und müssen auch so fühlen!

So... was macht den perfekten AuswechselSpieler aus – z.B. den toreschießenden „Joker"? Der das „Ruder rumreißen" soll, wenn die eigene Mannschaft hinten liegt – wenn er der Richtige dafür ist – warum dann nicht von Anfang an?

Wie lange hält man es aus, (nur) AuswechselSpieler zu sein?

Dieses Buch ist allen AuswechselSpielern gewidmet. Sie sind das Spielermaterial der 2. Hoffnung und müssen sich stetig beweisen. Kopf hoch!

Inhaltsverzeichnis

THERAPIE-HUND

Ich sitze mit meinem Therapie-Hund

Einsam inmitten der vielen Papiere

Ich schleppe mich von Stund' zu Stund'

Trinke viel Kaffee, damit ich nicht so friere

In meinem Amt ist fast jeder frustriert

Unsere Kunden haben Angst und haben Wut

Ich habe auch Angst, das etwas passiert

Doch mein Hund, der gibt mir Mut

Die Bürger pflanzen ihre zerstörerische Saat

Mit falschen Angaben und schriftlichen Eingaben

Damit zerstören sie langsam den Staat

Um unser Amt herum fliegen schon die Raben

Mein Hund bekommt nur vom Besten

Manchmal gehe ich mit ihm trainieren

Um sein scharfes Gebiss zu testen

Denn es gibt hier nichts zu verlieren

In unserem Amt grassiert die Leere

Die Anwesenden fliehen ins Delirium

Traurig ist das tägliche Gequäle

Langsam dreht sich der Stundenzeiger rum

Doch der Fisch, der stinkt von vorn

Weit weg von uns in der Zentrale

Ist Unvermögen leider die Norm

Und das - ist das Fatale

Doch Beten hilft auch nicht mehr

Meine Seele ist schon längst verstummt

Sie setzt sich nicht mehr zur Wehr

Sondern macht einen auf komplett verdummt

Die Papiere bilden Berg und Tal

Ich seh' zu meinem Hund

Der spürt meine Gewissensqual

Ich schaue auf ins leere Rund

Ich bin auf's Tier verkommen

Dabei hatte ich einen guten Start

Doch mir wurde schnell der Schwung genommen

Und die Landung, die war hart

Nichts lässt sich hier bewegen

Nach den vielen Hieben und Tritten

Will keiner mehr den Finger regen

Da helfen auch keine kollegialen Bitten

Wir sterben in unserer Bürokratie

Sie hüllt uns langsam in Nebel ein

Wir fühlen uns wie das Schlachtvieh

Bald kommt zu uns der Metzger rein

Wir sind schon soweit,

Dass wir das sogar verstehen

Machen uns insgeheim bereit,

Diesen letzten Weg zu gehen

ALEXANDER

Hier liegst du jetzt allein

Trotz all deiner Macht

Es ist der Todesschein

Der über dich wacht

Du vernimmst von Ferne die Schritte

Der Soldaten die vorüberzieh'n

Dabei hast du nur eine Bitte

Man hätte dir mehr Zeit gelieh'n

Zurückzukehren als großer Held

An Vater's Grab zu knien

Als Herrscher der bekannten Welt

Doch deine Lebenskräfte flieh'n

Die Übermächte hast du bezwungen

Mit überlegenem Mut und Strategie

Die Perser hast du niedergerungen

Mit der Kraft, die dir das Schicksal lieh

Doch dem Feind in dir wirst du erliegen

Dabei kannst du ihn nicht einmal sehen

Nur deine Sinne können sich noch regen

Der Albtraum scheint nicht vorüberzugehen

Langsam schreitet der Priester zu der Bahre

Und gibt dir der Götter Segen

Das Goldstück in deinem Mund ist die Ware

Die du brauchst auf deinen letzten Wegen

Bezahlt werden muss die letzte Reise

In die ferne, dunkle Unterwelt

Alles hat seinen Preis auf seine fremde Weise

Wenn Charon seine Hand aufhält

FREUDE

Ich freue mich wirklich für dich

Was kostet das für eine Kraft

Der Preis ging nicht an mich

Du hast es heute geschafft!

Die anderen von dir zu überzeugen

Ich verstehe dies zwar nicht

Muss mich jedoch dem Urteil beugen

Und übe mich in Selbstverzicht

Ich gehe mit langsamen Schritten zu dir

„Du hast es dir heute verdient,

Akzeptiere die Glückwünsche von mir,

Wie es sich für einen Gewinner geziemt"

Du schaust mich an in deiner Größe

Erfolg ist eine diamantene Rüstung

Man erkennt von Glitzern keine Blöße

Wie bei einem Nibelung

Wir wissen beide, es geht weiter nächstes Jahr

Wir sind die einzigen Widerstreiter

Die die Göttin unserer Kunst gebar

Doch ich werde noch gescheiter

Denn ich lerne aus den Niederlagen

Es tut mir weh und fällt mir schwer

Doch eine weitere Niederlage kann ich nicht ertragen

Drum auf in den Kampf – hart aber fair

WEISSE WESTE

Ohne Fleiß kein Preis

Vergiß den Scheiß

Dich umgibt der Betrug

Genug ist nie genug

Das Glück kennt deine Adresse

Doch deine Leichenblässe

Zeigt mir jedoch

Deine weiße Weste hat ein Loch

Wer Lügen für wahr verkauft

Und sich mit den Falschen rauft

Verliert Freunde und den ganzen Kredit

Auch wenn er schnell von dannen flieht

Dein Lebensstil war einfach grandios

Jetzt bist du auch den Wetteinsatz los

Du warst unser Aushängeschild

Unser Saubermann im goldgerahmten Bild

Politiker hast du gesammelt

Die haben vor Glück gestammelt

Im Schatten deines Lichts

Geblieben ist davon nichts

Außer der schwarzen Rauchfahne

Auf deiner letzten Lebensbahne

Bleibt nur Gestank und Asche unterm Rost

Letztere fülle ich in eine Flaschenpost

Vielleicht findest du in der Fremde

Hilfsbereite Hände

Die dich in die Erde geben

Als Dünger für ein neues Leben

GANDHI 2.0

Gandhi hat den Weg gezeigt

Zum zivilem Ungehorsam

Doch die traurige Masse schweigt

In ihrer bürgerlichen Scham

Schwer ist es, den ganzen Unsinn zu ignorieren

Diese Ermahnungen, nichts falsch zu machen

Darüber fällt es schwer sich zu amüsieren

Schon lang ist uns vergangen das befreite Lachen

Für was arbeiten wir denn so hart?

Doch für keine Ideologie!

Die kommt aus fremden Töpfen vorgegaart

Und recht hatte die noch nie

Wo ist die soziale Gerechtigkeit?

Wenn es den einfachen Leuten

Am Monatsende finanziell nicht reicht

Obwohl sie die Arbeit nicht scheuten

Wir verlieren uns in den Stricken

Der Marionettenspieler

Die wissen, wie die Uhren ticken

Und wir sind die Verlierer

Ich mag nicht daran denken

Was wären die Leute heiter

Könnten sie allein ihr Schicksal lenken

Sie wären tolle Wegbegleiter

Ideologie reimt sich auf Phantasie

Doch davon wird man nicht satt

Ohne Hoffnung gibt es keine Energie

Weder auf dem Land, noch in der Stadt!

Gewalt verschiebt nur die falschen Grenzen

Wir sollten einfach die Politiker ignorieren

Und einfach die nächsten Wahlen schwänzen

Dann würden sie alle ihre Masken verlieren

Es gibt keine absoluten Wahrheiten, sondern nur relative
Wahrscheinlichkeiten.

Es ist das Bauchgefühl, was du zuerst befragst, bevor sich das
Gehirn in eine Lösung vernarrt.

Bewerte sorgsam die Wahrscheinlichkeiten, das wird dir ein
ruhig Bett bereiten.

Der Verlust ist eine Kraft, die dich im Überwinden doch nur
stärker macht.

Eine Wette ist wie einen langen Stock aufheben, das kurze
Ende bedarf des größten Einsatzes, sonst kommt das Lange
nicht zum schweben.

Manchmal erscheint das lange Ende unersichtlich vergraben
unter der Decke des Zweifels und den Selbstanklagen.

Spieler, Trader, Spekulanten haben die leichte Seele von
umherziehenden Komödianten, damit sie die Zukunft nicht
quäle.

SO WAREN WIR

Diese alten Bilder, mein Gott!, wie lange ist das her

Die erste Liebe, das warst eindeutig du

Doch vergilbt ist das Fotopapier

Auch die Erinnerungen an dich fanden so ihre Ruh

Wir waren so...erinnerst du dich manchmal auch

Bereit für den Aufbruch, die Welt war uns zu klein

Wir tranken zusammen den verführerischen Rauch

Und zauberten unser Blut aus schwerem Wein

Wir waren so...ein einfach super Paar

Die Herzen bereit für Sünde und Sühne

Die Zeit mit dir war wunderbar

Von uns Beiden warst du die Kühne

Wir müssen losziehen, hast du gefleht

Doch für mich war es bereits so optimal

Als ich endlich bereit war, war es zu spät

Dein Verlust, mein persönlicher Marterpfahl

Viel zu spät habe ich dich wirklich verstanden

Ich war für dich Anker und Segel zugleich

Mein Zögern ließ deine Träume versanden

Wir waren so...doch ich war zu weich

Ich stehe jetzt vor meinem Spiegelbild

Hätte ich den Aufbruch doch noch geschafft?

Vielleicht waren deine Träume mir zu wild

Das Eingeständnis meiner Feigheit hätte mich dahingerafft

Wir waren so...spürst du es manchmal auch?

Oder hast du mich schon längst vergessen

Manchmal spüre ich deinen Atemhauch

Wir waren so...von einander besessen

VORBEI

Wann kommst du mal wieder vorbei?

Haben uns schon lange nicht mehr gesehen

Dann reden wir nicht um den heißen Brei

Ich will dich wirklich verstehen

Die Frage, ob ich etwas falsch gemacht

Nagt an meinem löchrigen Gewissen

Ich hätte mir das nicht gedacht

Doch ich tu' dich stark vermissen

Wie kann ich dich schnell erreichen?

Deine Freunde antworten mir nicht

Jeder scheint mir auszuweichen

Als wären meine Poren nicht ganz dicht

Rieche ich schon nach Schwefel?

Sprich endlich mit mir!

Und erklär mir meinen Frevel

Ich fühl mich wie ein wildes Tier

Dass nicht mehr aus dem Käfig findet

Meine Zähne sind an dem Gitter bereits zerbrochen

Es ist die Hoffnung die sich an die Zukunft bindet

Komm zu mir – sonst komm' ich gekrochen

WÜSTE

Das Gesetz der Wüstenreiter

Erlaubt nicht neun Pferde

Für zehn Begleiter

Das kürzeste Streichholz

Muß jetzt entscheiden

Verflogen aller Stolz

Mit dem Wüstenwind

Viele schluchzen leise

Wie ein kleines Kind

Für Einen endet die Reise

Wir lassen ihn weinend zurück

Er ist des Schicksal's Waise

Jahre später suche ich die Stelle

Doch ich finde nur

Eine sandige Wüstenwelle

Ich wandere wie sie durchs Leben

Doch jetzt möchte ich innehalten

Und ein Geschenk ihr geben

Ich ritze den Arm mir auf

Mein Blut besprüht die Wüste

Dann setze ich ein Kreuz darauf

Und ein sehr kurzes Streichholz

Dass ich einst gezogen

Mein einziger Besitzerstolz

Damals hatte ich eines versteckt

Für meine Lebens-Lüge

Ist ein Anderer verreckt

Ich bin froh, dass ich lebe

Sodass ich jetzt gerne

Etwas von meinem Blute gebe

LEBENSLÄNGLICH

Ich sitze hier in Alcatraz

Der Regen schüttet in den Ozean

Macht nur die breiten Wellen nass

Rollt an den harten Felsen ran

Was macht es für einen Sinn,

Wenn du frei bist wie der Regen?

Rollst dann doch zur Festung hin

Der herrschenden Strömung wegen

Die Knast-Puppenspieler machen nur Pause

Um die Gelenke zu fetten

Danach folgt die nächste Sause

Und man kann wieder wetten

Auf Gewinner und Verlierer

In der Arena ist ein Mordsgeschrei

Jeder brüllt den anderen nieder

Bis die Wächter strömen herbei

Ihr fragt euch wohl, warum ich hier einsitze?

Nun es ward des Schicksal's Geisterhand

Dass ich feuert' ab die scharf geladene Haubitze

Auf der das Wörtchen Wahrheit stand

Das Lügenschiff, das sank sofort

Doch ich wurde festgenommen

Und gebracht an diesen Ort

Wo noch keiner weggekommen

Der Regen hat noch nicht aufgegeben

Hieß es nicht: steter Tropfen höhlt den Stein?

Ach, könnt einer doch die Mauern heben

Er würd' mein Held für immer sein

Ich sitze nicht allein auf dieser Insel

Manchmal in der tiefsten Nacht

Höre ich menschliches Gewinsel

Von den Insassen Qual entfacht

Eine Frage finde ich sehr verfänglich

Lohnt es sich hier drin zu sitzen

Taugaus, tagein, ja lebenslänglich

Oder sollte ich lieber meine Seele raus schwitzen?

UNTERSCHIED

Was ist der kleine aber feine Unterschied

Zwischen ehrlichem Bemühen und Verlangen

Zwischen Marschgesang und Liebeslied

Wann ist die Sehnsucht ausgegangen?

Während der Geist vom Kriegsgeschrei

Ermüdet sich zur Ruhe legt

Gibt es eine neue Raserei

Die wie ein harter Besen fegt

Damit die Blätter keine Muster legen

Werden sie zu Haufen gekehrt

So wehren sie sich mit Täuschungen dagegen

Dass sich ihre Ideologie ins Gegenteil verkehrt

Wir pflegen unser Denunziantentum

Das verschafft den Folgsamen und Idioten

Schnell und sicher neuen Ruhm

Ohne das sie verdrecken ihre sauberen Pfoten

Irgendwann treffen wir uns wieder

Auf dem Scheiterhaufen der Ideologie

Wir legen keine Kränzen nieder

Weil man Toten keine Blumen lieh

ZARTE HAUT

Man lernt im Leben ja nie aus

Mal kriegt man eine rein

Mal gibt das Leben einen aus

Der Unterschied ist manchmal fein

Ob das Glas halbvoll oder halbleer

Dann kommt es auf den Standpunkt an

Den zu finden ist meist nicht schwer

Steht man beim Austeilen vorne dran

Ist man jedoch des Schicksal's Empfänger

Und zottelt es an dem Rauschebart

Wird das Gesicht meist länger

Und der Wangen Haut wird zart

Weil sie schon genug gedehnt

Durch die vielen Backpfeifen

Wenn man sich zu weit nach draußen lehnt,

Doch zarte Haut kann auch noch reifen

SCHWEINE – FRISCH GESTRICHEN

Die Schweine sind auf den Acker geschlichen

Denn ihr Stall wird heute renoviert

Und dazu auch noch neu gestrichen

Damit sich der Bauer nicht geniert

Wenn heute der Bürgermeister erscheint

Mit den wichtigen, hohen Herren

Und die Situation vor Ort beweint

Will er die Schweine schön wegsperren

Es riecht der dreckige Stall nach Terpentin

Die Farbe leuchtet wiesen-grün

Wie der Rasen vorm Schloß Wien

Wo sonst die schönen Rosen blüh'n

Es nähert sich die Menschentraube

Mit der ganzen Medienmeute

Die windet sich durchs Tor wie ein Schraube

Die Nachrichten werden ländlich heute

Der Politiker schwafelt von Wende und Transformation

Seine Claqueure schauen ganz begeistert drein

Doch im Schweinestall da grunzt es schon

Der Terpentin-Duft, der riecht nicht fein

Es hört sich an wie ein fernes Gewitter

Die Schweine wollen aus dem Stall heraus

Beißen in das Holz, doch Terpentin schmeckt bitter

In des Stallesecke liegt schon vergiftet eine Maus

Die hungrige Medienmeute möchte Schweine seh'n

Und fordert vom Politiker sein Image zu pflegen

Er möge in den Stall posieren geh'n

Den Bauern freut dies sehr, der Farbgestaltung wegen

Das Stalltor bewegt sich schwunghaft, wie Ballettbeine

Hell grünlich schimmert seine Farbe im Sonnenlicht

Doch man sieht vor lauter Masse keine Schweine

Es ist still geworden, denn grunzen tun sie nicht

Wir verzichten auf die Mär dieser Geschicht'

Denn wenn wir uns gründlich umschauen

Schimmert vieles im hellgrünen Licht

Und Unschuldige hat's umgehauen

WASSER + WEIN

Sie predigten Wasser

Und tranken den Wein

Heine war der Verfasser

Im Pariser Kerzenschein

Geflohen in das nahe Asyl

Entflohen dem Starrsinn und dem Selbstbetrug

Verloren im Pariser Menschengewühl

Der Freiheit Preis war hoch genug

Doch er als freie Künstler-Seele

Mit der Heimat im Herzens-Verbund

Hinterließ dort literarische Juwele

Und verachtete den Schweinehund

Der sich und andere betrügt

Obwohl im Leben nichts vollbracht

Die Menschen so belügt

Dass er bleibet an der Macht

Heine ist geflohen aus unserem Land

Schweren Herzens und voller Gram

Weil er mit der Heimat sein Herz verband

Auch heute wäre er voller Scham

Denn gepredigt wird noch immer

Und viel Wein gesoffen auch

Ich hab's Gefühl, es wird noch schlimmer

Betrüger wachsen an jedem Strauch

GRENZEN

Ihr seid gefangen im oberflächlichen Denken

Weil ihr selbst erlaubt habt

Dass andere euch lenken

Spürt ihr eigentlich das Leben

Wenn andere euch nach Gutdünkten

Eure Lebenslinien vorgeben?

Oder möchtet ihr über eure Grenzen sehen

Dann müsst ihr wohl oder übel

Auch an eure Grenzen gehen

SCHWANENGESANG

Der Schwan starb im Gesang

Du bist hinunter gegangen zum See

Als deine letzte Wut verklang

Draußen lag der erste Schnee

Der deine Spur zum Ufer zeigt

Doch sie führt nicht zurück

Wenn sich dein Tag zum Ende neigt

Brauchst du dein ganzes Glück

Ich war unfähig, dir Halt zu geben

Ein Mann der letzten Gelegenheit

Konnte keinen schützenden Mantel dir weben

Wir trafen uns zur falschen Zeit

Manchmal träume ich von einem Boot

Dass zu dem Ufer gleitet

Dich errettet aus der Not

Während es leise weiter schneitet

Ein zart-weißes Kleid umgibt deine zerbrechliche Gestalt

Vergeblich schaut der Tod in deine Augen

Doch findet keinen Halt

Um deine Seele aufzusaugen

Du bist ihm entkommen

Das kleine unscheinbare Boot

Hat dich einfach mitgenommen

Mit Gott als Autopilot

BUNTE APHORISMEN, II

Das Wahre am Spielen ist nicht der Gewinn, sondern die
Bestätigung, Recht zu haben. Unrecht lässt nur Zweifel an dir
nagen – Gewinne verscheuchen diese Plagen.

Glücksspiel kann süchtig machen, Verlierer haben nichts zu
lachen. Die Sucht ist wie eine unerfüllte Liebe, sie gebiert die
schlechten Triebe.

Jeder sollte richtig spielen, dann macht es manchmal sogar
Spaß beim Verlieren.

Jede Wette lässt mich lebendig fühlen, auch wenn der Einsatz
niedrig ist, doch ich kann mich vollkommen spüren.

Unbarmherzig sind des Schicksals Mühlen, können
Jedermann's Gemüt abkühlen.

Wenn man das Spiel, als Spiel begreift und nicht jeder
Versuchung leicht die Hände reicht, sondern auch den
Verlust als Denkanstoß akzeptiert, dann hat der liebe Gott ein
AHA-Erlebnis spendiert.

MEISTER UND MUSE

Früher konntest du nur tippsen

Ich habe was aus dir gemacht

Und darf jetzt dafür schwitzen

Doch du hast es weit gebracht

Du glaubst, du hast mich errettet

Dabei war ich damals schon bereit

Du hast einfach falsch gewettet

Am falschen Ort, zur falschen Zeit

Deine Schönheit und Finesse

Erleichtert den hohen Herren

Ihre tägliche Tristesse

Ich müsste dich wegsperren

Doch der Käfig bricht

Unter deinem Flügelschlag

Drum schau ich ganz unverricht'

Weil ich nicht mehr kämpfen mag

Ich verfolge meine eigenen Ideen

Auf dieser einen Lebens-Reise

Wird mich kein Sturm umwehen

Ich schütze mich auf meine Weise

Ich hätte dich mitgenommen

Doch dein Glanz und deine Gloria

Scheinen nur noch ganz verschwommen

Als waren sie niemals wirklich da

Du hast mein Ego zerstört

Ich fühle mich nicht mehr

Kein Gebet wurde mir erhört

Mir scheint die Zukunft leer

Du warst wie Wachs in meinen Händen

Unwissend zwar, doch formbar schön

Ich sah meine Energie an dir verschwenden

Sie schmolz wie Schnee im Alpen-Fön

Du warst für mich ein guter Lehrer

Ich habe viel von dir gelernt

Das machte mir den Abschied schwerer

Ach, was habe ich für dich geschwärmt

Doch ich bin niemanden' Aufziehpuppe

Und auch nicht das Vorzeigemodell

Für deine Altmänner-Gruppe

Auch das lernte ich schnell

Ich bin ein Wesen aus Fleisch und Blut

Und habe meinen eigenen Kopf!

Menschliche Wärme tut mir richtig gut

Und nicht der Intellektuellen - Zopf

Wann habe ich dich endgültig verloren,

Oder kam es schleichend mit der Zeit?

Du warst als Society – Star geboren

Der Karrierestart war längst bereit

Ich fühle mich wie Frankenstein,

Das Monster meiner Gefühle

Geht in die weite Welt hinein

Mich zermahlt die Seelenmühle

Wie kann ich dich wieder einfangen?

Du bist doch mein allein

Du rutscht jetzt auf fremden Stangen

Doch wie lange hält der Sonnenschein?

Manchmal vermisse ich deine schützende Hand

Wenn das nächste Abenteuer beginnt

Mit Küssen an einer kalten Häuserwand

Doch es ist die Zeit, die schnell verrinnt

Das Leben zieht in mich ein und wieder heraus

Ich spüre wie das Blut im Hirn pulsiert

Die Erinnerung an dich ist für mich ein Graus

Du bist der Mann, der mich immer verliert

Ich weiß nicht, wo meine Reise enden wird

Wann treibt dich der Regen zurück zu mir?

Das Leben ist ein schöner, wilder Flirt

In mir erwacht das verwundete Tier

Was willst Du vor meiner Türe, so spät in der Nacht?

Ich muss meine Schöpfung zu Ende bringen

Lass mich in Ruhe, ich bin nicht richtig erwacht

Mach die Augen zu, dann hörst du schon die Eng'lein singen

Der Meister und seine Muse

Liegen wieder vereint

Der Tod kam auf stillem Fuße

Außer ihm ist keiner da, der weint

TREUE (AUF JAPANISCH)

Deine mutigen Taten und deine Treue

Haben dich emporgehoben

Wie ich mich für dich freue

Ich werde immer diesen Tage loben

An dem ich dich zum Sohne nahm

Da warst du noch ein Knabe

Als ich zu eurem Gasthaus kam

Doch ich erkannte deine Gabe

Du hattest dieses aufgeweckte Gesicht

Und versorgtest gut mein Pferd

Als ich saß beim Reisgericht

An deiner Eltern Küchenherd

Deine Eltern waren bitterarm

Sie freuten sich unendlich für dich

Dass ich mich deiner so erbarm'

Du warst ein Gewinn für mich

Keiner war bereit so zu lernen wie du

Auch wenn ich schon müde war

Deine Neugier ließ mir keine Ruh'

Du wurdest stärker Jahr für Jahr

Meinen Ruf als besten Schwertkämpfer im Reiche

Verpfändete ich, um einen guten Fürsten zu finden

So stellte ich deine Lebens-Weiche,

Und konnte dich mit einem großen Haus verbinden

Jetzt meditiere ich bei einer Tasse Tee

Seit Tagen erwarte ich dich

Meine Seele ist ruhig wie des Berges See

Seit des Fürsten Todes-Nachricht erreichte mich

Ich höre deine Stimme vor dem Tor

Du hältst bei mir vor deiner letzten Reise

Du folgst dem Fürsten, wie so viele davor

Wirst Treue beweisen auf traditionelle Weise

JURIAN

Was hast du nicht alles so angestellt

In deinem langen Leben

Erst hast du Regierungen gefällt

Dann wolltest du Gutes geben

Du hast dem springenden Tiger

Das Fell über die Ohren gezogen

Du warst der großen Wette Sieger

Dabei hast du die anderen betrogen

Du wurdest an den Pranger gestellt

Wie eine Schlange wandest du dich

Millionen hatten ihr Urteil gefällt

Deine Gier ist das Übel an sich

Du warst ein Schwerverbrecher

Hast Existenzen einfach zertreten

Zurück blieb nur der arme Zecher

Und Frauen die an Gräbern beten

Deine Wandlung vom Saulus zum Paulus

Erschien mir wie der blanke Hohn

In deinem Herzen bliebst du stets der Saulus

Saßest nur auf einem anderen Thron

Immer noch wolltest du Regierungen stürzen

Mit deinem Einfluss und dem vielen Geld

So konnte man jeden Wahlkampf würzen

Mal erschienst du dort sogar als großer Held

Nur deine Heimat fiel dir nie in die Hände

Trotz der vielen Milliarden-Geschenke

Gelang deinen gekauften Lakaien nie die Wende

Doch du schmiedest fleißig weiter Ränke

Es lässt sich viel mit Milliarden bewegen

In diesen ideologischen Zeiten

Man erfreut sich stets am Geldes Regen

Sogar die Druckerpresse kann man reiten

Du hast einen Scherbenhaufen hinterlassen

Um den deine Adepten im Takte tanzen

Sie können es vor Glück nicht fassen

Noch immer klingelt es in ihren Ranzen

Nur in einem geschlossenen, fernen Land

Kennt man dich und weiß genau

Deine Schlösser bautest du auf Sand

Und in einen wackligen Stall geht keine Sau

Dein Herzenswunsch bleibt dir verwehrt

Auch das viele Geld ist nicht von Nutzen

Vor deinem Sarg wird die Grenze gesperrt

Deine Leiche wird die Heimat nicht verschmutzen

LETZTER ZUG

Ich gehe

    Ich fliehe

        Das Ziel

            Noch unbekannt

Der Bahnhof

    Bei Nacht

        Schattengestalten

            Die ins Dunkle weichen

Mein Anblick

    Verstört

        Die Zerstörten

            Dunkelgeflüster

Schwebt

    Nächtens

        Über Bahnsteige

            Ich schweige

Letzter Zug

    Menschenleere

        Asche fällt … Abpfiff

Zuggeratter

    Lichtgeflüster

        Ausstieg

            Nach Herzgefühl

Scheibenknall

    Letzter Fall

        Verirrter Wandervogel

            Falsche Lichter ... falscher Ort

KÄFIG ODER NEST

Manchmal sind die Hände zu klein

Dem Vogel ein Nest zu bieten

Ich forme einen großen Bau zum Schein

Du lachst über mich

Dein fröhliches Gezwitscher

Ach, was lieb' ich dich!

So sehr, dass ich den Käfig zerstörte

Ich fühlte schmerzlich

Dass die Freiheit dir gehörte

Was man so stark liebt

Möchte man für immer besitzen

Obwohl es am Ende immer Trauer gibt

Im Käfig würde das Gezwitscher sterben

Da nützt auch nicht der goldene Schein

Oder flehentliches Werben

Jeder Käfig ist viel zu klein

Um Freiheit wahrhaftig zu erleben

Doch so soll die Natur des Nestes sein

Ich weine beim Abschied nicht mehr

Denn mein Herz freut sich bereits

Auf den Flügelschlag deiner Wiederkehr

OHNE DICH

Bleib' bitte bei mir

Es ist noch alles möglich

Zwischen mir und dir

Diese große, schöne Reise

Die wir zusammen erleben

Verzaubert uns auf eine Weise

Die sich nicht beschreiben lässt

Wird uns an fremde Ufer treiben

Drum halte dich ganz fest

Die Verlockung des Unbekannten

Schließt die Leiber mit ein

Weil am inneren Feuer verbrannten

Meine Flammen waren gierig

Ich habe sie genährt

Meine (T)Reue wurde schwierig

Dann ist der Ring zerbrochen

Der uns zusammen hielt

Nicht in Tagen, aber in Wochen

Die Vertrauensbank ist ausgeraubt

Das gläserne Herz ist implodiert

Ich bin es, der die Scherben aufklaubt

Wir sind auf uns zurückgefallen

Ich suche nach etwas Sicherheit

Nach der Nadel im Heuballen

Du sprichst von Zeit, dich zu finden

Ich spüre deine Angst,

Dich an mich zu binden

Endstation, wir fassen das Gepäck

Ich weiß, du wirst dich zurückziehen

In dein geheimes Versteck

Ich verspreche, dich zu kontaktieren

Du nickst mit leeren Augen

Ich spür', so werd' ich dich verlieren

Ein letztes Betteln vor der Taxitür

Ja, ich war Opfer meiner Gier

Und das ist nun der gerechte Lohn dafür

Du gibst mir einen Herzenstoß

Dann schließt sich schnell die Türe

Du bist mich endlich los

Ich habe das Glück mit Füßen getreten

Könnt' ich die Uhre rückwärts drehen

Ich würde zu jedem Götzen beten

DER SPIELER

Erst verlor er das Haus

Und dann die Frau

Aß nur noch wie eine Maus

Die Haare wurden grau

Die Ehe versuchte er zu retten

Doch sie lebte nur weiter in ihm

Er schlief einsam in fremden Betten

Sie hat ihm nie verzieh'n

Eine Wette war das Ende

Zu viel gewagt, zu viel verlor'n

Schicksalslauf mit schlechter Wende

Ach, wär er nicht gebor'n

Doch hier ist er – allein

Und wenn er ehrlich ist

Möchte er auch nicht woanders sein

Weil keiner ihn vermisst

VERLIEBT

Ich hätte nicht gedacht,

Dass dies ein Zustand ist

Wo das Glück über einen wacht

Es ist ein Rennen ohne Frist

Das Herz ist leicht und schwer

Es möchte zur dir fliegen

Doch Widerstände weit wie das Meer

Muss ich vorher besiegen

Die Laster der Vergangenheit

Ziehen mich auf den Grund

Doch ich bin für dich bereit

Kämpfe nun zu jeder Stund'

Gegen alte Dämonen

Verlockung und Tod

Es wird sich lohnen

Doch zuerst kommt die Not

Du willst an meine Seite

Doch ich will das noch nicht

Sucht schießt mit der vollen Breite

Und das bei jeder Sicht

Ich möchte sein wie neugeboren

Wenn du mich hier aufsammelst

Vor der Klinik traurigen Toren

Und vor Freude Liebe stammelst

Alte Feinde verfolgen mich

Wo immer ich geh'

Doch ich liebe dich

Weswegen ich noch steh'

Du bist die bessere Droge

Ich fühl mich immer high

Es trägt mich auf einer Woge

Ich seh' zurück, es ist vorbei

Das Wissen um den Verlust lähmt die Entschlossenheit, wenn man dann doch löhnen muss, hilft nur noch die Einsamkeit.

Hast Du bei einer Wette etwas falsch gemacht, dann wird in dir die Gier entfacht. Du willst doch nur Gerechtigkeit und das System ist auch schon zum nächsten Revanchespiel bereit.

Manchen Quoten sind verführerisch wie junge Frauenaugen die an deinem Herzen und Geldbeutel saugen.

Es gibt keine Sicherheit. Risiko ist ein schlafender Clown, zuerst wird gelacht, dann kommt der Showdown.

Nach dem Regen wird die Sonne kommen, ich hoffe für dich du hast bis dahin nicht zu viel aus dem Geldtopf entnommen.

Man sagt, auch ein verirrter Funke, entzündet ein starkes Feuer, so hüte dich vor der Spieler-Spelunke, wo der erste Einsatz ist nicht zu teuer. Erwacht erst einmal deine Gier, ist sie nicht mehr zu halten wie der wilde Stier.

Der letzte Genuss und der letzte Frust ist der Kuss vor dem Totalverlust.

SCHWEIGEN

Ein Punkt der Mitte

Weiß und schwer

Tanzen, leiser Schritte

Wünsche tropfen leer

Fernab rauscht mächtig

Wasserfall der Seele

Gegen den ich schwimmend

Mich unendlich quäle

Doch Bewegung bedeutet Stehen

Beim Loslassen wachsen Flügel

Stillstand hilft mir Gehen

Über zeitenlose Hügel

Schweben wie eine Feder

Ein Punkt im Überall

Reden das kann jeder

Schweigen ist ein lautloser Knall

DER GANG ZUR QUELLE

Als ich in des Waldes Mitte war

Traf ich auf einen kleinen Bach

Sein Wasser schmeckte wunderbar

Und küsste meine Seele wach

Ich beschloss bis zur Quelle zu geh'n

Zu finden dieses Wunder's Schoß

Mir ward, als würd' ich endlich versteh'n

Wie werd' ich meine Zweifel los

Ich beschloss zu schweigen

Auf dem Weg zum Quell

Doch spielten weiter meine Geigen

Manchmal langsam, manchmal schnell

Wie sollt' ich meine Ruhe finden,

Wenn das Orchester weiter spielt?

Muss ich mich denn weiter schinden,

Weil ich den Taktstock niemals inne hielt?

Ironisch wie es das Leben meint

Hab' ich erst jetzt verstanden

Dass Stille nicht als leer erscheint

Wie die Philosophen einst erfanden

Stille das ist mir tiefes Lauschen

Wie ich auf meinem Weg verstand

Ich hört des Baches leises Rauschen

Als ich endlich zur Quelle fand

Ich legt' mich neben sie

Um ihr ganz nah zu sein

Als mich der letzte Zweifel flieh

Wußt' ich meine Seele rein

Beim Verlassen mußte ich versteh'n

Dass Stille nur Erkenntnis ist

Auch du kannst den Zweifeln widersteh'n

Wenn du nah bei deiner Quelle bist

ÜBERALL

Überall warten sie auf mich

Auch an der letzten Ecke

Um die ich mich heimlich schlich

Damit ich dich nicht erwecke

Riechst du diesen Duft,

Hörst du den Gesang?

Es ist etwas in der Luft

Das lieblich klang

Spürst Du mit den Sinnen

Das uns die Natur beschenkt

Wir können Lebens-Lust gewinnen

Ist die Seele nur nicht abgelenkt

Lass auch uns gegenseitig ewig geben

Ohne Rücksicht, ohne Unterlaß

Dann können wir auch nehmend leben

Denn so macht das Leben wirklich Spaß

R O S E N

Du hast nie gelernt zu kämpfen,

Einfach etwas nehmen wollen

Deine Rosen war stille Bitten – damals

Doch damals war ich taub

Wir haben beide gelitten

Unter nicht-erfüllter Liebe

Aus der später Haß wurde

Heute weiß ich um deine Verletztheit

Nachdem ich meiner tief bewusst bin

Warum ich nach so langer Zeit wieder an dich denke?

Ich hab' mich heute gestochen … an einer Rose

QUO VADIS?

Und zu Jesus kamen die Jünger und sprachen

Oh Herr ! Zeige uns den rechten Weg,

Da sich der unsere gabelt

Und der Herr sprach:

Sowie die Fische den Ort ihrer Geburt nie vergessen

So muss euer Herz, der ewige Hort eurer Geburt gewahr sein

Denn nur wer mit dem Herzen sieht, wird den rechten Weg finden

Als dies die Jünger hörten, versuchten sie,

Ihre Herzen um Rat zu fragen.

Während sich einige für die linke oder

Die rechte Weggabelung entschieden,

Blieb eine Gruppe stehen,

Bevor sie weinend den Rückweg antrat

DAS NETZ

Gefangen bist du wie ein Fisch

In einem Netz von dir gesponnen

Das hat vier Beine wie ein Tisch

Aus deinem Knochenbau gewonnen

Jedes Bein hat seinen Sinn

Und kann nur von alleine gehen

Die Antwort auf die Frage: „Wohin?"

Gebiert man unter starken Wehen

Drum tanzt du auch im Kreis

Um dein Zentrum, voller Schweiß

Denn zum Vorwärts geh'n

Musst du dich erst ganz versteh'n

SCHWARTZ

Schwartz wartet. Seit Montag. Auf seinen Chef. Um einen guten Eindruck zu hinterlassen. Wichtig, besonders in Zeiten der Umorganisation.

Schwartz wartet geduldig. Heute ist Freitag. Nachmittag. Spät am Nachmittag.

Schwartz hat schon seine Frau beruhigen müssen. Zweimal. Schwartz ist müde. Müde vom Warten. Müde, weil er seit Montag Nacht wenig geschlafen hat.

Viel Energie. Hat Schwartz investiert. Um sich aufrecht zu halten. Für den Augenblick. Um Widerstand zu leisten. Gegen das Vergessen. Und das kostet Energie. Viel Energie.

Schwartz kann das Büro sehen. Die Tür ist zu. Doch beim Chef brennt noch Licht. Es ist schon 18 Uhr. Lange kann es nicht mehr dauern. Dann wird Schwartz ein Zeichen gesetzt haben.

Schwartz ist allein. Im Großraumbüro. Schwartz drückt etwas. Seine Blase.

Soll er es wagen? Die Toilette ist weit. Zu weit, entscheidet Schwartz. Und hält aus.

Widerstand zeigen. Durchsetzungsvermögen!

Brigitte hat gerade angerufen. Sie geht jetzt alleine zu Müllers. Er könne ja nachkommen. Er komme, sagt Schwartz. Gleich. Und wartet weiter.

Um 20 Uhr beschließt Schwartz sein Glück zu erzwingen. Wer die Qual hat, der hat keine Wahl.

Mit praller Blase und prallem Herzen macht sich Schwartz auf den Weg. Doch was sagen? Um 20 Uhr. Freitags abends. „Na Chef !? Dann noch eine schönes Wochenende" Irgend-so-etwas.

Die Tür. Schwartz steht jetzt davor. Jetzt.

Er klopft. Zaghaft. Zweimal. Die Tür öffnet sich.

„Ah, Schwartz", sagt der Chef.

„So spät noch. Kommen Sie mal rein. Ich sitze gerade über ihrer Akte. Wegen der Umorganisation. Was für ein Zufall."

„Schwartz, ich habe das Gefühl, Sie sind mir diese Woche aus dem Weg gegangen. Ich habe mich schon gewundert über das Warum."

„Naja, wie dem auch sei. Ich bin nicht nachtragend und leide vielleicht nicht unter so einem großen Ego, wie Sie – Schwartz."

„Gut vergessen wir das."

„Schwartz, es ist mir unangenehm. Aber Sie wissen in diesen schwierigen Zeiten, muss man auch als Chef komplizierte Entscheidungen treffen."

„Also lange Rede, kurzer Sinn. Schwartz ich habe beschlossen, Ihnen eine Chance zu geben."

„Auf dem externen Arbeitsmarkt!"

„Tut mir leid, Schwartz. Sie hätten wirklich was Besseres verdient."

Sagst und nimmt den paralysierten Schwartz in eine Halbumarmung, um ihn elegant nach draußen zu leiten.

Zukunft hat zu. Geschlossen. Schwartz steht draußen. Vor der Tür. Etwas drückt ihn. Er fummelt.

Schwartz klopft. Energisch. Zweimal.

Während das Licht vom Büro auf ihn zuströmt, strömt es hinaus. Aus Schwartz. An die Hosenbeine. Des Chefs.

Ein energievoller, gelblicher Strahl der ... der Erleichterung.

GEBURTSSÜNDE

Wir werden ohne Schuld geboren

Lasst euch nichts anderes erzählen

Nur die Schafe werden fremd geschoren

Doch ihr könnt den Friseur noch wählen

Jedes Volk hat seine traurigen Momente

Dafür dürfen wir uns auch schämen

Doch die Täter beziehen nicht mehr ihre Rente

Darum können wir uns auch normal benehmen

Wir können die Vergangenheit nicht bestreiten

Doch wir können, sollen von ihr lernen

Aber nicht unsere Apokalypse selber reiten

Weil wir uns dabei von uns selbst entfernen

Andere Völker schauen zu uns auf

Wir schauen an uns bitter hernieder

Wir schütten uns viel Asche drauf

Das wird unseren Kindern noch zu wider

Da hilft auch keine falsche Tugend-Kultur

Oder das Bücken vor kalten Steinen

Oder ein noch so gut gemeinter Schwur

Oder ein herzerweichendes Weinen

Unsere Kinder haben das Recht,

Ohne die Last der Alten zu leben

Sie sind nicht der Geschichte Knecht'

Sollen sich dem alten Grauen nicht ergeben

Ihre Seelen seien frei und unbekümmert

Ihre Geister neugierig und kritisch

Ihr Gewissen nicht bei Geburt schon so zertrümmert

Und ihr Heimatstolz sei nicht politisch

Wer profitiert von unserer Selbst-Zerstörung,

Wohin führt die Spur der Steuer-Gelder,

Wer beteiligt sich an dieser Verschwörung,

Wer überdüngt die heimischen Felder?

Ich bin zu müde, Antworten zu suchen

Dass überlasse ich gerne der Jugend

Ich höre sie in der Zukunft schon fluchen

Über unsere vorgetäuschte Tugend

Eine Identität brauchst du nicht, suche nicht alleine nach den Antworten auf die Fragen der Zeit, wir halten alles leichtverdaulich für dich griffbereit.

Wenn du nicht selber denkst, werden andere das weiße Papier deiner Seele beschreiben, während du dich an andere verschenkst.

Folge deinem wahren Nordstern, dann kannst du die Orientierung nicht verlieren, scheint sich auch noch so fern.

Manchmal ist es besser, sich mit Dreck zu bewerfen, dann brauchen deine Gegner nicht ihre Messer zu schärfen.

Steht dein Schicksal schon zum Kauf, dann lege nicht noch deine Seele mit drauf.

Im Übermut werden diese Wetten eingestellt, wo der Zaster in die falschen Hände fällt.

Es ist oft leicht den ersten Profit zu machen, doch ihn zu wahren oder gar zu vermehren, das sind die wahrhaft schweren Sachen und bringen des Lebens große Lehren.

ZEICHEN DER ZEIT

Der Zeitgeist ist eine tolle Maschine

Hat man sie erst mal richtig geölt

Läuft sie fleißig wie eine Biene

Damit die manipulierte Masse grölt

Ich hätte es nie geglaubt

Bis ich dich getroffen hab'

Du warst des Zeitgeists Oberhaupt

Jetzt stehst du kurz vor dem Grab

Und kannst nicht aufhören,

Mir alles ausführlich zu erzählen

Ich wage es nicht, dich dabei zu stören

Obwohl mich viele Fragen quälen

„Opfer gehen immer,

Frauen und Kinder auch

Doch nie und nimmer,

Macht – Missbrauch"

„Denn die Herren bezahlen dich

Mit Geld oder einem Orden

Dabei ist die Elite meist unter sich

Ihr Stern ist immer im Norden"

„Wo es aufwärts geht

Fernab der großen Krisen

Wo ein Kind vereinsamt steht

Denn das tut die Laune nur vermiesen"

„Appelliere an das Gewissen,

An die Schuld und an die Werte

Sie sollen nicht schlafen in den Kissen

Sondern erahnen des Lebens-Härte"

„Verändere die alte Sprache

Dann verändert sich auch das Denken

Verfolge sie bis ins Schlafgemache

Dann kann man sie besser lenken"

Ich wundere mich sehr,

Dass du vor Scham nicht weinst

Hast du denn gar keine Ehr?

Gewissensbisse? Du verneinst

„Ich habe es aus Überzeugung getan

Neue Zeiten brauchen alte Opfer

Denen ich zog den faulen Zahn

Ich war ihr ins Gewissens-Klopfer"

„Ich war ein Bestseller

Als bekannter Interviewer

War ich formeller

Und kein Wichtigtuer"

„Damit sie mir Vertrauen schenken

Doch ich war wie eine Hyäne

Konnte mir Strategien ausdenken

So wurden sie Opfer meiner Pläne"

„Ich habe dem Guten

Zum Sieg verholfen

Andere mussten bluten

Da hat kein Pflaster geholfen"

Es ist später Abend

Ich verlasse den Tod-Kranken

Das Gespräch war nicht so erlabend

Ich möchte dem Schicksal danken

Dass ich hinter die Kulissen blicke

Die nur ihre Farben ändern

Hoffe, zu Ende geht es bald mit dieser Clique

Von diesen skrupellosen Seelen - Schändern

Denn sie geben sich nur zufrieden

Wenn du ganz nach ihre Pfeife tanzt

Sie werden weiter ihre Ränke schmieden

Bis der Verstand sich außerhalb von dir fortpflanzt

FEUER MIT FEUER

Eine andere Liebe

Zum neuen Liede

Bettengeschiebe

Kalter Friede

Rosenkrieg

Ein neues Schloß

Kein Sieg

Dank Anwalts-Tross

Kanonen schießen

Mauern brechen

Brennendes Öl vergießen

Hinterrücks erstechen

Schlachtenmüde

Zu schwache Feuerglut

Damit ich mich entlüde

Vergraben aller Lebens-Mut

Die neue Liebe

Ist heimlich gegangen

So leise wie die Diebe

Die Stufen übersprangen

Hoffnung temporär

Neuanfang

Ist schwer

Grenzübergang

Feuer mit Feuer

Haben uns verzehrt

Jeder ein Ungeheuer

Das sich schnell vermehrt

Erkaltete Asche

Ich geh zu dir

Angst in meiner Tasche

Bitte verzeihe mir!

SCHLACHTFEST

Schlachtfest, in fernen Landen

Bei uns grüßt die Wurst im Regal

Wir wissen nicht, wie sie entstanden

Hauptsache schmeckt – der Rest ist doch egal

Wir wollen keine Mörder sein

Wir schonen unser Getier

Glücklich soll das Ferkel sein

Und auch der dicke Stier

Doch ich bin keine bunte Kuh

Oder ein großer, grauer Elefant

Ein Gedanke lässt mir keine Ruh

Was war der Plan, als der Mensch entstand

Was sind die Bausteine des Lebens,

Warum aßen meine Ahnen Fleisch?

Veganisiere ich vielleicht vergebens,

Umsonst das ganze Veggie-Gekreisch?

Die Antwort muss jeder selber finden

Auf seine kulinarische Weise

Man muss sich dabei nicht schinden

Auch gutes Essen ist Teil der Lebens-Reise

Schlachtfest, in fernen Landen

Die Leute arbeiten und freuen sich

Was sie an den Knochen fanden

Mundet ihnen zum Biere königlich

DER BOXER

Müde sind meine beiden Arme

Doch die Deckung steht

Herr, Gib mir Kraft, dass ich nicht erlahme

Bis diese Runde zu Ende geht

Wasser her und viel frische Luft

Was für eine Ironie bei dem Gestank

Aus des Trainer's Mund, der meinen Namen ruft

Meine Nerven liegen schutzlos da – ganz blank

Ich kann nichts mehr versteh'n, nicke nur

Die Wortstakkatos sind wie Nierenschläge

Die Wahrheit ist, innerlich schalte ich auf stur

Mein innerer Holzfäller schärft alleine seine Säge

Ich bin es, der hier schuften muss

Innerlich gehe ich zurück auf Los

Das ist hier wirklich kein Groß-Genuss

Im Halse sitzt ein fetter Klos

Wir täuschen Schläge an, wie zwei alte Männer

Runde Elf, die Crunchtime naht

Fäuste verwandeln sich in Knock-out Hämmer

Deckung hoch, jetzt verlieren wäre wirklich schad'

Ich spüre die Arme nicht mehr

Die Deckungsarbeit hat mir die Kraft genommen

Gezielt zu schlagen fällt mir schwer

Den letzten Gong hab' ich nicht mehr vernommen

ESSENZ

Das Durcheinander

In den Köpfen

Der Gedanken Mäander

Versiegt in löchrigen Töpfen

Wir atmen ohne Ziel

Machen uns die Zeit zum Gott

Doch wir spüren nicht so viel

Kämpfen wie Don Quichotte

Wir funktionieren wie die Automaten

Getrieben von glitzernden Lichtern

Vollautomatisch kontrolliert werden unsere Daten

Es kommt nur Schweigen von unseren Dichtern

In den wenigen Minuten ohne Hatz

Fühlen wir eine nicht erklärbare Leere

Als fehle uns ein unbekannter Schatz

Versunken irgendwo im stillen Meere

Irgendetwas fehlt in unserem Leben

Unsicher segeln wir über die Meere

Wir würden gerne wie Vögel schweben

Doch zu schwer ist unsere Leere

Was ist die wahre Essenz,

Nur das was wir brauchen?

Was bleibt trotz Demenz,

Kurz vor dem letzten Hauchen?

Silentium, hilf mir Sehen!

Ich brauche Dich!

Hör mein Flehen,

Es geht um mich!